AF545664

Séverine Jérigné

Putzmittel

– selber machen –

Natur pur

HINWEIS

Die Autorin und der Herausgeber haften nicht für die Verwendung der in diesem Buch beschriebenen Reinigungsmittel, für die sich daraus möglicherweise ergebenden Konsequenzen oder eine falsche Auslegung der enthaltenen Empfehlungen.

Vom Einsatz ätherischer Öle ist für Schwangere und Kinder unter sechs Jahren abzuraten. Vor dem Gebrauch chemischer Produkte sollte eine Ärztin oder ein Arzt befragt werden.

ISBN 978-3-8094-4340-7

1. Auflage

Die Originalausgabe erschien auf Französisch unter dem Titel *Do it Nature. Produits d'entretien*

Projektleitung dieser Ausgabe: Martha Sprenger
Producing: SAW Communications, Redaktionsbüro Dr. Sabine A. Werner, Mainz
Übersetzung: SAW Communications, Gesa Mattiesch
Lektorat: SAW Communications, Dr. Sabine A. Werner
Satz: SAW Communications in Zusammenarbeit mit alles mit Medien, Anke Enders, Sprendlingen
Umschlaggestaltung: Atelier Versen, Bad Aibling
Herstellung: Elke Cramer

Penguin Random House Verlagsgruppe FSC® N001967

Druck und Bindung: Alföldi Nyomda Zrt., Debrecen

Printed in Hungary

Séverine Jérigné
Mit Fotografien von Julie Charles

Putzmittel

– selber machen –

Für Haushalt, Wäsche, Küche, Bad & Garten

Bassermann

Inhalt

Eine gute Vorbereitung

Grundtechniken

Rezepte

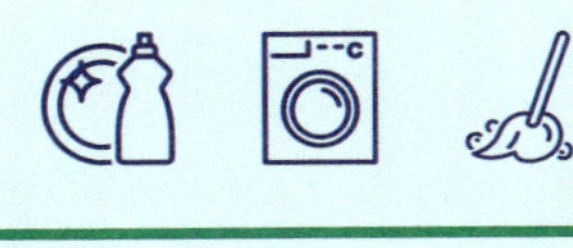

Eine gute Vorbereitung

Warum sollte man seine Putzmittel selber herstellen?

Sauberkeit ohne Risiko

Warum putzen wir zu Hause? Weil wir wollen, dass es bei uns sauber ist, denn dies ist eine wichtige Voraussetzung zum Erhalt unserer Gesundheit. Aber gelingt es uns auch, eine gesunde Umgebung zu schaffen, wenn beim Putzen viel Chemie zum Einsatz kommt und wir unser Heim dadurch mit schädlichen Substanzen belasten?

Mir gab das zu denken, und ich machte mich auf die Suche nach unschädlichen Alternativen für konventionelle Produkte aus Drogerie- und Supermarkt. Ich stellte fest, dass es möglich ist, mit nur wenigen Inhaltsstoffen Reinigungsmittel für jeden Zweck selbst herzustellen.

Diese Erfahrung möchte ich mit anderen teilen. Es liegt mir sehr am Herzen, Sie mit diesem Buch an die Herstellung von wirksamen Putzmitteln heranzuführen, indem ich Ihnen 20 einfache Rezepte an die Hand gebe. Um herauszufinden, ob die Produkte den eigenen Bedürfnissen wirklich entsprechen, stellt man sie am besten selber her und probiert sie aus.

Bevor Sie jedoch beginnen, lesen Sie bitte aufmerksam diese Hinweise:

- **Denken Sie stets daran, die hergestellten Produkte zu beschriften.**

- **Lesen Sie unbedingt die Sicherheitshinweise zu jedem Inhaltsstoff eines Rezepts, denn Sie sollten bedenken, dass es sich zum Großteil um chemische Stoffe handelt.**

- **Halten Sie alle Inhaltsstoffe und hergestellten Produkte außer Reichweite von Kindern.**

Diese 5 guten Gründe sprechen für sich

- **1. Man kennt die Inhaltsstoffe seiner Produkte ganz genau.**

- **2. Man kann umweltfreundliche, einfache und erschwingliche Inhaltsstoffe verwenden.**

- **3. Man stellt Produkte her, die in ihrer Anwendung effektiv sind.**

- **4. Man vermeidet die Verwendung industriell gefertigter Produkte.**

- **5. Man spart Geld.**

Alles kann ersetzt werden

Sämtliche im Handel erhältlichen Reinigungsmittel können durch ein selbst hergestelltes Produkt ersetzt werden:

- **Für die Wohnräume:**
  Oberflächenreiniger, Desinfektionsmittel und Raumduft

- **Für die Wäsche:**
  Fleckenentferner, Waschmittel und Weichspüler

- **Für das Badezimmer:**
  Mittel gegen Kalkablagerungen, Scheuermilch, Reinigungsgel und Abflussreiniger

- **Zum Geschirrspülen:**
  Handspülmittel, Pulver, Tabs und Fettlöser

- **Für den Garten:**
  Produkte zum Schutz vor Unkraut und zur Insektenabwehr

Aufbewahrung und Haltbarkeit

Selbstgemachte Reinigungsmittel können sehr gut bei Raumtemperatur aufbewahrt werden. Mit der Zeit lässt ihre Wirksamkeit gelegentlich etwas nach, sie können aber weiterhin verwendet werden und stellen kein Risiko dar.

Grundsätzlich sollten Sie Behältnisse verwenden, die nicht komplett verschlossen sind, da sich bei der Lagerung Gase bilden können. Sie können auch den Deckel etwas offen lassen.

Achten Sie darauf, dass Sie Ihre Reinigungsmittel außer Reichweite von Kindern aufbewahren – am besten weit nach oben stellen!

5 ml

Die Grundausstattung

Zur Herstellung Ihrer Reinigungsmittel benötigen Sie eine geeignete Ausstattung, die leicht zu finden ist und erschwinglich sein sollte. Wählen Sie zur Aufbewahrung hübsche Behältnisse aus, denn dann haben Sie noch mehr Freude daran, Ihre eigenen Putzmittel zu verwenden!

Hilfsmittel

Zum Dosieren der Inhaltsstoffe:
- 1 Esslöffel pro Inhaltsstoff
- 1 Messbecher für Flüssigkeiten und Pulver
- 1 Dosierlöffel mit 5 ml Fassungsvermögen für Flüssigkeiten

Zum Vermischen der Zutaten:
- 1 Glas- oder Edelstahlschüssel
- 1 kleinen Edelstahl-Schneebesen

Zum Umfüllen oder Hinzugeben von Zutaten:
- 1 kleinen Trichter

Zum eigenen Schutz:
- 1 Paar Haushaltshandschuhe
- 1 Mund-Nasen-Schutz aus Papier sowie eine Schutzbrille

Damit man weiß, was man hat:
- 1 Heft zum Notieren der Kennzeichnungsmarken der verwendeten Inhaltsstoffe und des Herstellungsdatums
- Etiketten zur Beschriftung jedes Behältnisses mit Produktnamen und Herstellungsdatum

Leere Behältnisse

Verwenden Sie stets neue Behältnisse: Eine mehrmalige Verwendung ist nicht zu empfehlen, da die ursprünglich darin aufbewahrten chemischen Produkte mit den Inhaltsstoffen des neuen Produkts reagieren könnten. Im schlimmsten Fall kann dies sogar zur Freisetzung giftiger Gase führen.

DIE VIELSEITIGEN BEHÄLTNISSE

▸ Glas- oder PET-Flaschen mit einem Volumen von 50 cl bis 3 l sind vielseitig einsetzbar und lassen sich leicht transportieren. Sie werden zur Aufbewahrung von Flüssigkeiten empfohlen.

▸ Schüsseln mit Deckel sind einfach zu befüllen. Sie eignen sich zur Aufbewahrung von Reinigungssteinen, Abwasch-Cakes, Pulvern und Cremes. Für jedes Produkt gibt es die passende Größe.

▸ Glastiegel werden zur Aufbewahrung von Tabs oder Pulver empfohlen. Bei Putzmitteln ist es am besten, ein kleines Loch in den Deckel zu machen, damit sich natürliche Gase nicht anstauen, sondern entweichen können.

FÜR PRODUKTE, DIE GEZIELT AUFGETRAGEN WERDEN SOLLEN

▸ PET-Flaschen mit einem Volumen von 50 cl sind praktisch und natürlich leichter als Glasflaschen. Wählen Sie dazu eine Ausgusstülle – meist passt ein Durchmesser von 28 mm.

▸ Einen Zerstäuber für Mehrzweck- und Reinigungssprays.

FÜR CREME UND GEL

▸ Eine weiche Tube ist ideal, da eine Creme oder ein Gel leicht daraus entnommen werden kann.

FÜR REINIGUNGSTABS

▸ Eine Silikonbackform für Kleingebäck. Die Größe und Form kann nach den eigenen Bedürfnissen ausgewählt werden. Zu empfehlen sind beispielsweise Financier-Formen.

Zero-Waste-Haushaltshelfer

Haushaltsreiniger selbst herzustellen, ist ein konkreter Ansatz, der oft mit dem Gedanken einhergeht, dass nicht nur schädliche Inhaltsstoffe vermieden werden sollten, sondern auch Verpackungsmüll. Auch die Hilfsmittel bei der Reinigung sollten aus Materialien bestehen, die mehrfach genutzt und möglichst wiederverwertet oder recycelt werden können. So gelingt die Umsetzung von „Zero Waste" auch in Ihrem Haushalt.

DER LAPPEN

▸ **Aus 100 % Baumwolle:** unverzichtbar und zeitlos. Er hält alles sauber und ist selbstverständlich waschbar und wiederverwendbar.

▸ **Aus Mikrofaser:** Dieses Material ist eine Verdichtung winziger synthetischer Fasern, die aus einem Polyester-Polyamid-Gemisch hergestellt werden. Sie sind so fein, dass sie in jede Unebenheit an den zu reinigenden Oberflächen eindringen. Mikrofasertücher werden trocken zum Staubwischen und nass zum Reinigen verwendet.

DER SCHWAMM

▸ **Aus Naturschwamm:** Verwenden Sie einen unbehandelten Schwamm aus dem Meer.

▸ **Aus Mikrofaser:** Nutzen Sie die Vorzüge von Mikrofaserschwämmen.

DAS BODENTUCH

▸ **Aus 100 % Baumwolle:** Es ist nicht nur praktisch, sondern schlichtweg unentbehrlich.

▸ **Aus Mikrofaser:** Eine sehr gute Investition, denn es ist sehr saugfähig, erleichtert das Putzen und lässt sich zudem waschen.

DER TAWASHI

▸ **Aus verschiedenen Materialien:** Dieses aus Japan stammende selbstgemachte Schwammtuch besteht aus gebrauchten Materialien. Es ist waschbar und wiederverwendbar. Tawashis kann man kaufen oder selbst aus haushaltsüblichen Materialien herstellen. Anleitungen hierzu finden sich im Internet. Großformatige Tawashis können auch als Bodentücher verwendet werden.

BÜRSTEN

▸ Aus Holz und mit pflanzlichen oder tierischen Borsten: Verwenden Sie lieber Bürsten aus natürlichen Rohstoffen.

Praktische Hinweise

Vorsichtsmaßnahmen

Bei der Herstellung von Haushaltsreinigern sind einige Sicherheitsmaßnahmen zu beachten:

- Machen Sie sich bewusst, dass es sich bei bestimmten Inhaltsstoffen um chemische Stoffe handelt.
- Lesen Sie die Anleitung aufmerksam, und halten Sie sich an die Vorsichtsmaßnahmen. Die empfohlenen Mengenangaben sollten für jeden Inhaltsstoff eingehalten werden.
- Bei bestimmten Produkten kann es auch lange Zeit nach dem Mischen noch zu chemischen Reaktionen kommen. Verschließen Sie deshalb die Behältnisse Ihrer Reinigungsmittel nach der Herstellung nicht luftdicht.
- Reinigen Sie leere Behältnisse vor dem erneuten Befüllen – auch mit demselben Produkt – gut, um jegliche chemische Reaktion zu vermeiden.
- Tragen Sie eine Schutzausrüstung: Haushaltshandschuhe zur Vermeidung von Hautkontakt und eine Brille zum Schutz der Augen gegen Spritzer.
- Beschriften Sie sämtliche Produkte, damit es nicht zu Verwechslungen kommen kann.
- Führen Sie zur Rückverfolgbarkeit ein Heft, in das Sie die Kennzeichnungsmarken der verwendeten Inhaltsstoffe und das Herstellungsdatum eintragen.
- Testen Sie ein Produkt immer an einer kleinen zu reinigenden Stelle, um sicherzustellen, dass es geeignet ist.
- Halten Sie die Inhaltsstoffe, die hergestellten Produkte und das Herstellungsmaterial außer Reichweite von Kindern.

Der Einsatz von ätherischen Ölen ist für Schwangere und Kinder ungeeignet. Fragen Sie Ihre Ärztin oder Ihren Arzt, welche Inhaltsstoffe Sie verwenden dürfen.

11 goldene Regeln für ein sauberes Zuhause

Für Sauberkeit und Frische im Haus braucht man weder giftige Reinigungsmittel noch stundenlange Putzaktionen: Es geht auch schnell, gut und preisgünstig – sehen Sie selbst!

1. DIE AUFGABEN VERTEILEN

Um nicht in Arbeit unterzugehen, sollten Sie sich Unterstützung suchen. Jede Person im Haushalt kann einen Beitrag leisten und eine bestimmte Aufgabe übernehmen. Für den Haushalt braucht man ein gutes Team! Das Ergebnis ist: mehr Effektivität bei der Reinigung und ein gepflegtes Heim.

2. LÜFTEN

Haben sich Staub und Schmutz bei Ihnen abgesetzt? Bevor Sie überhaupt mit dem Saubermachen beginnen, sollten Sie lüften. Öffnen Sie die Fenster so häufig wie möglich, und zwar im Sommer und Winter gleichermaßen. Das reduziert Verunreinigungen der Luft in Ihren Räumen auf ein Minimum.

3. DIE MÖBEL ABSTAUBEN

Ihre Möbel haben viele Ecken und Winkel, in denen sich mit der Zeit der Staub ansammelt? Schenken Sie auch den schwerer zugänglichen Bereichen beim Putzen Ihre Aufmerksamkeit. Vergessen Sie dabei auch nicht die Oberseiten der Schränke oder die Zierleisten.

Tipps für Holzmöbel

Eine Mischung aus Olivenöl und weißem Essig auf ein weiches Tuch geben und die Möbelstücke kräftig damit abreiben. Das sorgt für Tiefenpflege und lässt Ihre Möbel in neuem Glanz erscheinen (siehe Rezept S. 66).

4. MATRATZEN, SITZFLÄCHEN UND SOFAS REINIGEN

Sofas, Läufer, Teppiche, Kissen, Matratzen ... Manchmal finden sich darauf solche Flecken, dass man alles am liebsten in eine riesige Waschmaschine stopfen würde – aber leider geht das nicht.

Zur Entfernung von Flecken und Schmutz gibt es hier jedoch eine einfache Lösung: Natriumbicarbonat. Es wirkt als Reiniger und Lufterfrischer zugleich und ist einfach in der Anwendung. Man gibt es auf die zu reinigende Oberfläche, klopft es ein, lässt es ungefähr 30 Minuten einwirken, saugt es ab – und fertig!

5. ELEKTROGERÄTE REINIGEN UND GELD SPAREN

Man glaubt es kaum, aber es ist wichtig, auch die Rückseite elektrischer Geräte zu reinigen. Wenn Sie zum Beispiel Ihren Kühlschrank von hinten abstauben, wird er weniger Strom verbrauchen. Und womit gelingt das am besten? Mit einem Mikrofaserschwamm, der mit einem Wasser-Essig-Gemisch angefeuchtet wird.

Zur Pflege Ihrer Wasch- und Spülmaschine hat sich Haushaltsessig bewährt. Er ist ein hervorragender Kalklöser und sein Preis im Vergleich zu alternativen Produkten unschlagbar.

Mit dem Mehrzweckspray (siehe S. 54) können Sie die verflixten Metallgitter der Dunstabzugshaube von Fett befreien!

6. FUGENREINIGUNG IM BAD

Mit etwas Ausdauer und einem Fugenaufheller (siehe S. 60) ist das kein Problem. Zum Schluss mit klarem Wasser abspülen!

Sollten die Fugen fleckig verfärbt sein, den Fugenaufheller vor dem Abspülen ungefähr 1 Stunde lang einwirken lassen. Das Ergebnis wird Sie beeindrucken!

7. FREIE ABFLÜSSE IN EIN PAAR MINUTEN

Sie möchten eine einfache, schnelle und wirksame Methode kennenlernen, um jegliche von Bakterien hervorgerufenen Gerüche aus Abflüssen zu beseitigen? Geben Sie einfach 1 Esslöffel SOS-Abflussfrei (siehe S. 64) in den Abfluss. Für 10 Minuten einwirken lassen und mit 0,5 l sehr heißem Wasser kräftig nachspülen.

8. DIE HEIZKÖRPER REINIGEN

Planen Sie das große Reinemachen Ihrer Heizkörper am besten für die warme Jahreszeit ein, denn dann sind sie ohnehin abgeschaltet, und Sie frieren nicht bei der Arbeit.

Diese Hilfsmittel erleichtern die Arbeit:

- eine spezielle Heizkörperbürste,
- ein feuchtes Staubtuch oder ein feuchter Schwamm,
- ein Müllbeutel oder Papier, um den Staub aufzufangen,
- ein Fön, um den Staub aus schwer zugänglichen Stellen wegzupusten.

9. DEN KLEIDERSCHRANK SAUBER MACHEN

Den saisonalen Wechsel der Garderobe können Sie nutzen, um Ihren Kleiderschrank auch innen gründlich zu reinigen. Wenn Sie schon dabei sind, Ihre Kleider durchzusehen und auszusortieren, geht das sozusagen „in einem Aufwasch".

Bestreuen Sie Ihre Kleidung mit Natriumbicarbonat, wird sie nicht vergilben und auch keinen muffigen Geruch entwickeln.

10. GRIFFE UND LICHTSCHALTER POLIEREN

Türgriffe und Lichtschalter werden beim Saubermachen häufig übersehen, aber gerade sie sind besonders starke Keimträger. Den Viren und Bakterien rücken Sie mit weißem Essig auf den Leib. Essig desinfiziert nicht nur, sondern bringt auch den Glanz zurück.

11. DEN MÜLLEIMER DESINFIZIEREN

Das ist sicherlich nicht gerade die schönste Aufgabe, aber seinen Mülleimer gründlich zu reinigen, ist einfach unerlässlich: Lebensmittelabfälle und Speisereste verderben und bilden dabei unangenehme Gerüche.

Mit dem Mehrzweckspray (siehe S. 54) können Sie gründlich reinigen und desinfizieren. Damit unangenehme Gerüche erst gar nicht entstehen können, legen Sie eine viertel Zitrone unten in den Mülleimer.

Die Inhaltsstoffe genau kennen und mit Bedacht auswählen

Es ist wichtig, die Zusammensetzung seiner Reinigungsmittel zu kennen, denn jeder Inhaltsstoff hat bestimmte Eigenschaften. Zudem ist es unerlässlich zu wissen, wie die verschiedenen Inhaltsstoffe miteinander reagieren, um chemische Reaktionen abschätzen zu können, bevor sie passieren.

Die 7 wichtigsten Inhaltsstoffe

Inhaltsstoffe	INCI *	Herkunft/ Entstehung	Wirkung/ Verwendung	pH-Wert
Natriumbicarbonat	Sodium bicarbonate	mineralisch	reinigend, verleiht Glanz	8
Natriumcarbonat	Sodium carbonate	mineralisch	reinigend +	12
Natriumpercarbonat	Sodium carbonate peroxide	mineralisch	aufhellend	11
Essig	Acetum	pflanzlich	fettlösend	2,5
Zitronensäure	Citric acid	pflanzlich	entkalkend	3,2
flüssige Kernseife	Aqua, Potassium, Cocoate, Glycerin, Hydroxyethylcellulose, Cocos Nucifera Oil, Teacocoate	Verseifung	zum Waschen zum Reinigen	9,5
Decylglucosid	Decyl Glucoside	pflanzlich	schäumend	12,5

mineralischer Stoff — Säure — Tenside

* INCI: Internationale Nomenklatur für kosmetische Inhaltsstoffe

Natriumbicarbonat (Natron), einfach unverzichtbar

Natriumbicarbonat ($NaHCO_3$) wird auch als Natriumhydrogencarbonat bezeichnet. Dieser chemische Inhaltsstoff ist vollkommen natürlich. Er wird durch Legierung von Salz und Kreide gewonnen.

Zum ersten Mal fand Natriumbicarbonat bei den alten Ägyptern Erwähnung. Es wurde in seinem natürlichen Zustand an den Ufern der Salzseen in Ägypten gefunden. Dabei handelte es sich um Natron, bestehend aus Natriumcarbonat und Natriumhydrogencarbonat. Die Ägypter sammelten das feine weiße Pulver, das sich an den Ufern bildete, und nutzten es zur Körperpflege. Bereits damals wuschen sie sich also mit Natriumbicarbonat!

EIN REINIGUNGSMITTEL

Natriumbicarbonat reinigt selbst die empfindlichsten Oberflächen, ohne sie zu beschädigen. Es kann für Geräte mit Lebensmittelkontakt – beispielsweise für ein Schneidebrett –, aber genauso gut für Schmuck oder auch zum Reinigen von Armaturen eingesetzt werden!

EIN LUFTERFRISCHER

Natriumbicarbonat hilft dabei, die Luft zu verbessern. Riechen die Schuhe, der Müll oder das Katzenklo? Dann geben Sie zum Neutralisieren einfach etwas Natriumbicarbonat auf die Quelle des unangenehmen Geruchs.

Die reinigenden Eigenschaften von Natriumbicarbonat sind ideal für sämtliche Einrichtungs- und Innenausstattungsgegenstände, die sich nicht leicht waschen lassen, wie Teppiche, Sofas, Matratzen oder Vorhänge. Die Anwendung ist einfach: Etwas Natriumbicarbonat auftragen, einklopfen, dann absaugen, und schon ist die Sache erledigt!

ZUM ERHALT DER FARBE

Natriumbicarbonat schützt Ihre Wäsche auch hervorragend vor Farbverlust und Ausbleichen. Geben Sie lediglich 1 Esslöffel davon mit in die Waschmaschinentrommel, und die strahlenden Farben Ihrer Kleidung bleiben erhalten.

CHEMISCHE REAKTION

Natriumbicarbonat ist pH-neutral. In Kontakt mit einer Säure kommt es zu einer chemischen Reaktion. Es bildet sich Schaum, da Kohlendioxid freigesetzt wird. Sie können es selbst einmal ausprobieren, indem Sie Natriumbicarbonat und Essig zusammen in eine Schüssel geben.

Andere wichtige Inhaltsstoffe

NATRIUMCARBONAT (WASCHSODA)

Natriumcarbonat wird aus Calciumcarbonat und natürlichen Salzen gewonnen. Wie die von Natriumbicarbonat lässt sich auch seine Verwendung bis ins Alte Ägypten zurückverfolgen. Damals wurde es in Form von Natron, einem salzähnlichen Gestein, verwendet, das durch die Verdunstung von Salzseen entsteht.

Natriumcarbonat wird heute durch das Solvay-Verfahren, bei dem insbesondere Natriumbicarbonat auf 100 °C erhitzt wird, industriell gewonnen. Dies geschieht entsprechend den Umweltvorschriften.
Achtung: Natriumcarbonat nicht mit Natronlauge verwechseln!

▸ **Verwendung:** Gasherde, Backöfen, Dunstabzugshauben, Fußböden, besonders stark verschmutzte Wäsche und anderes mehr.

NATRIUMPERCARBONAT

Das aus Calciumcarbonat und natürlichen Salzen gewonnene Natriumpercarbonat wird auch als „festes Wasserstoffperoxid" bezeichnet, da es aktiven Sauerstoff und Natriumcarbonat freisetzt. Sie erhalten dadurch weiße Wäsche, ganz ohne den Einsatz von Chlor oder Phosphat.

▸ **Verwendung:** in lauwarmem Wasser für Wäsche, Reinigung von Fugen.

ESSIG

Bereits etwa 3000 Jahre v. Chr. wurde die Herstellung von Essig in Mesopotamien entdeckt. Es handelt sich um ein zweistufiges Verfahren, bei dem zunächst Zucker zu Alkohol vergoren wird, aus dem anschließend durch Fermentierung Essig gewonnen wird. Essig wurde damals vor allem zu Heilzwecken eingesetzt.

Heutzutage basiert die Herstellung auf der Essigsäuregärung nach Louis Pasteur aus dem Jahr 1864. Sie machte eine industrielle Herstellung erst möglich. Weißer Essig war lange Zeit die einzige industrielle Essigsäure.

▸ **Verwendung:** Glas, Emaille, Edelstahl, Armaturen, Glas, Wäsche und anderes.

ZITRONENSÄURE

Natürlich enthalten Zitronen auch Zitronensäure, aber in Mengen ist sie ein Erzeugnis, das durch biotechnologische Prozesse aus dem Zucker gewonnen wird. Dieser stammt aus Pflanzen, wie beispielsweise Mais, Tapioka, Maniok oder Süßkartoffel. Zitronensäure wurde seit dem 10. Jahrhundert in Nordafrika geschätzt, da sie eine heilende Wirkung besitzt. Der großflächige Anbau von Zitronen im Mittelalter in Spanien geht auf die nordafrikanischen Einwanderer zurück.

Heute basiert das Herstellungsverfahren auf der Entdeckung des schwedischen Chemikers Carl Wilhelm Scheele im Jahr 1784. Ihm gelang die Isolierung der Zitronensäure aus einer Zitrone.

▸ **Verwendung:** Edelstahl, Kunststoff, fleckiges Geschirr, Arbeitsflächen, Badezimmer, Fußböden. Eignet sich zur Rostbekämpfung.

FLÜSSIGE KERNSEIFE

Die durch einen Verseifungsprozess von Natron und einer fetthaltigen Substanz (pflanzliches Öl) ohne den Zusatz von Farbstoff und Konservierungsmitteln gewonnene flüssige Kernseife wird ohne Erdölderivate hergestellt. Flüssige Kernseife auf Basis unterschiedlicher Fette gibt es seit dem Mittelalter. Die Marseiller Seife hat wahrscheinlich in der süditalienischen Stadt Galipoli ihren Ursprung, wo zum ersten Mal die Idee aufkam, den ausgepressten Olivenresten Natriumcarbonat beizumischen.

▸ **Verwendung:** Geschirr und Wäsche

DECYLGLUCOSID

Das aus erneuerbaren Rohstoffen gewonnene Decylglucosid ist biologisch abbaubar und wird ohne Erdölderivate hergestellt. Es besteht aus einer Mischung von Fettalkoholen auf Basis von pflanzlichem Kokosnussöl und Glukose und bildet Schaum.

▸ **Verwendung:** für alle Oberflächen geeignet, Verwendung zusammen mit anderen Inhaltsstoffen.

Die Eigenschaften der Inhaltsstoffe

Jeder Raum eines Hauses bringt unterschiedliche Anforderungen mit sich, etwa die Erfordernis, Fett zu lösen, zu entkalken oder zu desinfizieren.

Im Folgenden sind die Inhaltsstoffe nach ihrer Wirkung aufgelistet. Diese entfalten sie auch innerhalb von Produkten, die aus mehreren Zutaten bestehen:

▸ **Desinfizierende Wirkung:**
Natriumbicarbonat, Natriumcarbonat, Seife, ätherische Öle

▸ **Fettlösende Wirkung:**
weißer Essig, warmes Wasser, Seife

▸ **Entkalkende Wirkung:**
Zitronensäure, Natriumpercarbonat

▸ **Wirksam gegen Flecken:**
Natriumpercarbonat (für alle, insbesondere organische Flecken: Obst, Erde, Wein, Blut), weißer Essig (für alle Fettflecken)

▸ **Lufterfrischende Wirkung:**
Natriumbicarbonat, ätherische Öle

Grundtechniken

Reinigungstabs herstellen

Reinigungstabs bestehen aus einem Gemisch von Pulvern, das sich bei Wasserkontakt auflöst und zu sprudeln beginnt. Die sehr praktischen Einzelportionen sollten in einer Schachtel, vor Feuchtigkeit geschützt, aufbewahrt werden. Bei Verwendung von Tabs können sich die Inhaltsstoffe während des ganzen Waschvorgangs nach und nach verteilen.

Verwendung

▸ **Spülmaschine:** ein Tab pro Spülgang (siehe S. 50).

▸ **Toilette:** Produkt gegen Kalkablagerungen in das WC-Becken geben (siehe S. 62).

▸ **Fleckenentferner für Wäsche:** aufhellender und desinfizierender Tab für weiße Wäsche (siehe S. 42).

Zusammensetzung

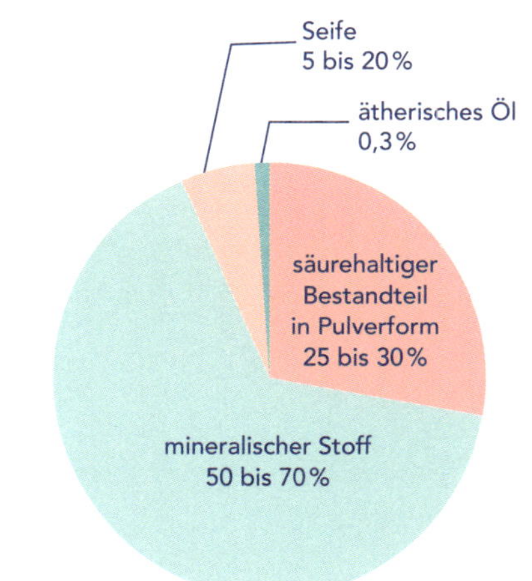

Mögliche Inhaltsstoffe:

- Natriumbicarbonat, Natriumcarbonat, Natriumpercarbonat
- Zitronensäure
- flüssige Kernseife / Decylglucosid
- ätherisches Öl nach Wahl

Tipp

Bewahren Sie Ihre Tabs in einem luftdichten, vor Feuchtigkeit geschützten Behältnis auf.

1. Geben Sie die pulverförmigen Inhaltsstoffe in eine große Schüssel und verrühren Sie sie.
2. Fügen Sie die flüssige Kernseife hinzu.
3. 1 Minute lang verrühren, bis eine gleichmäßige Paste entsteht.

4. Das Gemisch 5 Minuten lang unverschlossen zum Reagieren stehen lassen. Es wird aufgehen und sein Volumen verdoppeln.
5. Das Präparat in Silikonformen umfüllen, diese nur zur Hälfte befüllen.

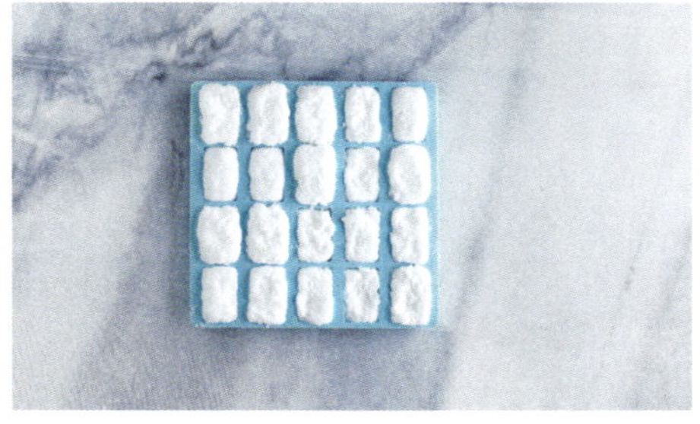

6. Zum Entweichen der Gasansammlungen und zum Beenden der chemischen Reaktion mit einer Gabel hineinstechen.
7. 4 Stunden lang an einem trockenen Ort stehen lassen.
8. Die Tabs aus den Formen nehmen.

Ein Gel herstellen

Reinigungsmittel in Gelform sind praktisch. Sie lassen sich gut auf Oberflächen aller Art auftragen, sogar wenn diese senkrecht sind. Die Konsistenz unseres selbst hergestellten Gels ermöglicht auch eine besonders sparsame Verwendung, insbesondere im Vergleich zu fertigen Reinigungsprodukten. Mischt man einem Rezept Guarkernmehl in kaltem Zustand bei, lässt sich jede beliebige Reinigungsflüssigkeit in ein Gel verwandeln.

Verwendung

- **WC:** sehr praktisch für Ecken und senkrechte Flächen.

- **Badezimmer:** zum intensiveren Einwirken des Produkts auf Fugen und Seitenwänden (siehe S. 60).

- **Geschirr:** ideal zur Herstellung einer individuellen Textur von Geschirrspülmittel. Nicht vergessen, diesem Rezept Wasser beizumischen (siehe S. 48).

Zusammensetzung

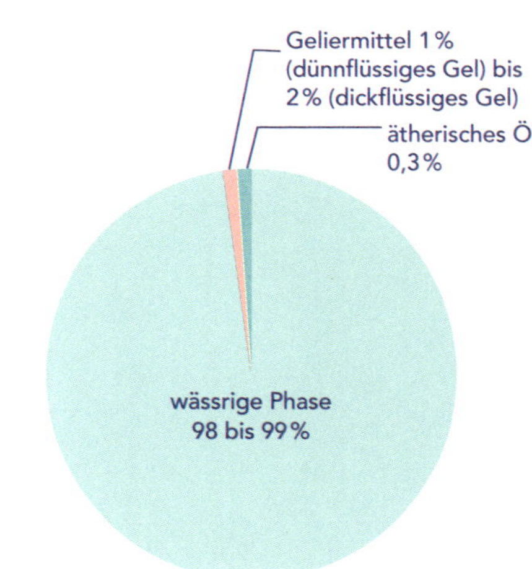

Mögliche Inhaltsstoffe:
- weißer Essig (8 %)
- Guarkernmehl (pflanzliches Bindemittel)
- ätherisches Öl nach Wahl (optional)

Individuell angepasste Textur

1. Geben Sie den Essig in eine Schüssel.

2. Streuen Sie dann das Guarkernmehl unter kräftigem Rühren mit einem kleinen Edelstahl-Schneebesen ein, um Klümpchen zu vermeiden.

3. 5 Minuten lang rühren bis eine glatte Masse entsteht.

4. Fügen Sie, wenn Sie mögen, ätherisches Öl hinzu.

5. Füllen Sie das Präparat mit einem Trichter in eine passende Flasche.

Tipp

Wenn Sie eine bestimmte Textur erreichen möchten, können Sie die Menge Guarkernmehl anpassen. Das Guarkernmehl langsam und unter Rühren einstreuen, damit es keine Klümpchen bildet.

Einen Stick herstellen

Ein Stick ist eine halbfeste Paste und sehr nützlich für Produkte, die man auf einer zu reinigenden Fläche verteilen möchte. Durch die Form und Konsistenz lässt sich das hergestellte Produkt leicht auf bestimmte Bereiche gezielt auftragen. Sticks bestehen aus Tonerde, der je nach Verwendung pulverförmige Inhaltsstoffe beigemischt werden können.

Verwendung

▸ **Fleckenentferner für Wäschestücke:** zielgenaue Fleckenentfernung (siehe S. 44).

▸ **Fliesenfugen:** zum Auftragen auf raue Stellen (siehe S. 56).

▸ **Ofenglasreiniger:** Stick mit Tonerde und Natriumbicarbonat.

▸ **Backofenreiniger:** Stick mit Natriumbicarbonat und Sommières-Erde.

Zusammensetzung

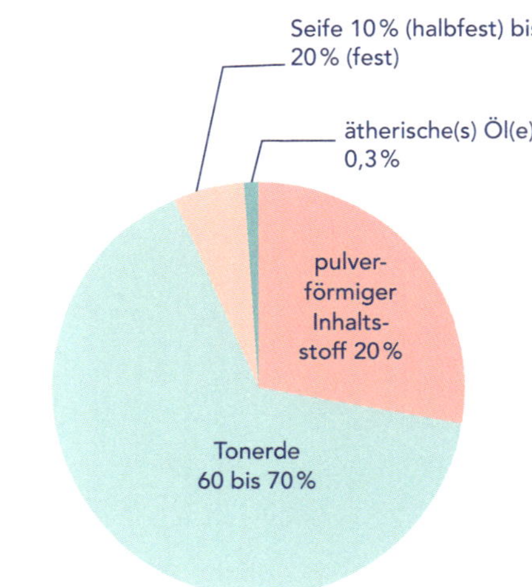

Mögliche Inhaltsstoffe:

- Tonerde, Sommières-Erde
- Natriumbicarbonat, Natriumcarbonat, Natriumpercarbonat
- ätherisches Öl nach Wahl
- flüssige Kernseife (Marseiller Seife)

Individuell angepasste Textur

1. Die pulverförmigen Inhaltsstoffe in eine Schüssel geben und mit einem Löffel verrühren.

2. Geben Sie 1 bis 2 Esslöffel flüssige Kernseife hinzu.

3. 5 Minuten umrühren, bis sich eine Paste bildet.

4. Entweder in Stickform bringen oder das Gemisch in passende Silikonformen geben.
5. 12 Stunden lang trocknen lassen. An einem trockenen Ort aufbewahren.

Tipp

Wenn die Konsistenz des Sticks es erfordert, vor der Verwendung leicht anfeuchten.

Einen Auszug herstellen

Es gibt Menschen, die Vorbehalte gegenüber selbstgemachten Reinigungsmitteln haben, da sie nicht wie industriell hergestellte Haushaltsreiniger riechen, die in unserem kollektiven Unterbewusstsein eine Vorstellung von „sauber" erzeugen. Besonders dem Essig wird missbilligend nachgesagt, dass er unangenehm rieche. Aber vergessen Sie all diese Vorurteile, denn den Geruch Ihrer selbstgemachten Reinigungsmittel können Sie mit einem pflanzlichen Auszug individuell kreieren.

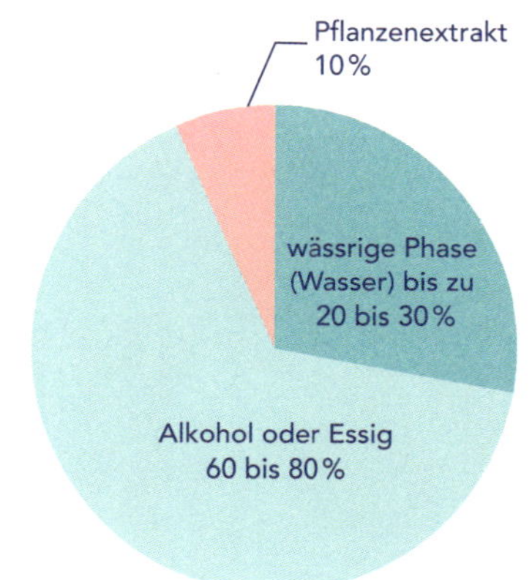

Verwendung

- **Raumspray:** siehe S. 72.

- Zum Vermischen mit weißem Essig oder jedem anderen flüssig hergestellten Reinigungsmittel.

Mögliche Inhaltsstoffe:

- Wodka / weißer Essig (8 %)
- Wasser / destilliertes Wasser
- Minze / Thymian / Zitrusschalen / Blütenblätter und -knospen

1. Geben Sie das Wasser in eine passende Flasche oder ein anderes Behältnis aus Glas.

2. Mit Alkohol oder Essig auffüllen.

3. Die Zitrusschalen oder die Minze hinzugeben.
4. 2 Tage ziehen lassen.

5. Verwenden Sie den Auszug bei der Herstellung Ihrer Reinigungsmittel als Inhaltsstoff.

Tipp

Um dem Essig einen Duft zu verleihen, können Sie die Pflanzen Ihrer Wahl auch ausschließlich in Essig ziehen lassen ohne Zugabe von Alkohol.

Rezepte

5 MINUTEN

0,50 € / 1 L

3 MONATE

Flüssiges Vollwaschmittel

Dies ist ein einfaches Rezept zur Herstellung eines effektiven Waschmittels. Als Vollwaschmittel kann es für jede Art von Wäsche verwendet werden: Feinwäsche, Wolle, Buntwäsche usw.

MATERIAL

1 Flasche (1 Liter)

1 Trichter

1 Waage und 1 Messbecher

INHALTSSTOFFE

90 g Natriumbicarbonat

ca. 80 cl lauwarmes Wasser

10 cl flüssige Kernseife

15 Tropfen ätherisches Öl Ihrer Wahl

Hinweis

Geben Sie bei heller Wäsche einen Esslöffel Natriumpercarbonat mit in die Waschmaschinentrommel. Bei dunkler Wäsche stattdessen einen Esslöffel Natriumbicarbonat hinzufügen.

1. Füllen Sie das Natriumcarbonat mithilfe des Trichters in die Flasche.
2. Ungefähr 10 cl lauwarmes Wasser hinzugeben.
3. Die Flasche schütteln, damit sich das Natriumcarbonat vollständig auflöst.
4. Die flüssige Kernseife und das restliche Wasser hinzugeben.
5. Noch einmal schütteln, damit sich die Mischung homogen verbindet.
6. Das ätherische Öl hinzugeben und umrühren.
7. Dieses Waschmittel können Sie sofort verwenden.

ANWENDUNG

- Dieses natürliche Waschmittelrezept ist eine sehr effektive Lauge: Geben Sie ca. 10 cl pro Maschine direkt in den Waschmittelkasten.
- Vor jeder Verwendung die Mischung gut schütteln.

Tipp

Damit Ihre Wäsche solange wie möglich angenehm riecht, verwenden Sie eine Mischung aus ätherischen Ölen – zum Beispiel Orange, Mandarine, Pampelmuse. Diese Mischungen können Sie fertig kaufen oder selbst aus drei aufeinander abgestimmten ätherischen Ölen herstellen.

5 MINUTEN

0,30 € / 1 L

12 MONATE

Weichspüler für kuschelzarte Wäsche

Wussten Sie, dass industrieller Weichspüler nicht besonders effektiv ist? Damit Ihre Wäsche wirklich weicher wird und durch den letzten Spülgang gut riecht, stellen Sie diesen Weichspüler selbst her: Sie werden nicht mehr darauf verzichten wollen!

MATERIAL

1 Flasche (1 Liter)
1 Trichter
1 Waage und 1 Messbecher

INHALTSSTOFFE

15 g Natriumbicarbonat
30 cl weißer Essig (8 %)
ca. 70 cl lauwarmes Wasser
20 Tropfen ätherisches Öl Ihrer Wahl
Limettenschale, Thymian- oder Minzstängel

Tipp
Dieser Weichspüler hat eine Dreifachwirkung: Er macht die Wäsche weicher, verleiht ihr einen zarten Duft und verhindert Kalkablagerungen in der Maschine. Was will man mehr!

1. Geben Sie das Natriumbicarbonat mithilfe des Trichters in die Flasche.
2. Füllen Sie recht vorsichtig den weißen Essig ein, damit die Mischung nicht überläuft, wenn durch die Verbindung von Essig und Natriumbicarbonat aufgrund einer chemischen Reaktion Schaum entsteht.
3. Die Flasche mit lauwarmem Wasser auffüllen.
4. Das ätherische Öl, die Limettenschale, einen Thymian- oder Minzstängel hinzugeben.
5. Die Flasche zuschrauben.

ANWENDUNG

- Es wird empfohlen, 20 cl pro Maschine direkt in das Fach für Weichspüler zu füllen.
- Der Weichspüler lässt sich lichtgeschützt sehr gut aufbewahren.

Bleich-Tabs mit Teebaumöl

Diese sprudelnden Bleich-Tabs machen Ihre Wäsche strahlend weiß und absolut fleckenfrei.

GRUNDTECHNIK NR. 1: S. 28

MATERIAL

1 Waage
1 Schüssel
1 Silikonform
1 Esslöffel

INHALTSSTOFFE FÜR 35 TABS

100 g Zitronensäure
180 g Natriumpercarbonat
1 Esslöffel flüssige Kernseife
15 Tropfen ätherisches Teebaumöl

1. Geben Sie die pulverförmigen Inhaltsstoffe in die Schüssel.
2. Fügen Sie die flüssige Kernseife hinzu.
3. 1 Minute lang mit dem Löffel verrühren, bis eine gleichmäßige Paste entsteht.
4. 5 Minuten lang ruhen und wirken lassen. Die Mischung wird aufgehen.
5. Die Masse in Silikonformen geben, diese aber nur zur Hälfte befüllen.
6. 4 Stunden lang trocknen lassen.
7. Die Tabs aus den Formen nehmen.

Bewahren Sie die Tabs in einem luftdichten, vor Feuchtigkeit geschützten Behältnis auf.

ANWENDUNG

- Geben Sie einen Tab in die Trommel Ihrer Waschmaschine.

Tipp

Diese Bleich-Tabs eignen sich hervorragend für weiße Wäsche. Bei Buntwäsche besser den Fleckenstick (siehe S. 44) verwenden.

10 MINUTEN PLUS
2 STUNDEN TROCKENZEIT

1,60 €

6 MONATE

Fleckenstick mit Sommières-Erde

Dieser Fleckenstick eignet sich hervorragend zum Entfernen von Flecken auf bunten Textilien, vor allem von hartnäckigen Fettflecken. Empfindliche Stoffe, wie zum Beispiel Seide, sehr vorsichtig behandeln.

GRUNDTECHNIK NR. 3: S. 32

MATERIAL

1 Schüssel
1 Esslöffel
1 Silikonbackform für Kleingebäck

INHALTSSTOFFE FÜR 1 STICK

50 g Sommières-Erde
1 Esslöffel weißer Essig (8 %)
1 Esslöffel flüssige Kernseife

Tipp
Ist der Stick eingetrocknet, diesen vor der Verwendung leicht anfeuchten.

1. Geben Sie die Sommières-Erde in eine Schüssel.
2. Fügen Sie die flüssige Kernseife hinzu.
3. Mit einem Esslöffel umrühren.
4. Den weißen Essig hinzugeben.
5. 5 Minuten lang umrühren, bis sich eine Paste bildet.
6. Verteilen Sie die Mischung gleichmäßig in der Silikonform – die einzelnen Mulden sollten vollständig befüllt sein –, oder formen Sie Ihren Stick von Hand.
7. 2 Stunden lang trocknen lassen. An einem trockenen Ort aufbewahren.

ANWENDUNG

▸ Reiben Sie den Fleck mit dem Stick ein, bevor Sie den Stoff in die Waschmaschine geben.

5 MINUTEN PLUS
2 STUNDEN TROCKENZEIT

0,70 € / CAKE

6 MONATE

Abwasch-Cakes mit Zitronenduft

Entdecken Sie dieses Rezept für „festes Spülmittel". Dieser Cake ist sehr preisgünstig und ersetzt Ihr gewohntes flüssiges Produkt. Haben Sie sich erst einmal an diese Art des Spülens gewöhnt, werden Sie die Cakes nicht mehr missen wollen und von Ihrem glänzenden Geschirr begeistert sein.

GRUNDTECHNIK NR. 3: S. 32

MATERIAL

1 Schüssel
1 Waage
1 Esslöffel
1 kleine Schüssel

INHALTSSTOFFE FÜR 1 CAKE

80 g Natriumbicarbonat
20 g Natriumcarbonat
2 Esslöffel flüssige Kernseife
2 Esslöffel Decylglucosid
10 Tropfen ätherisches Zitronenöl

1. Geben Sie die pulverförmigen Inhaltsstoffe in die große Schüssel und verrühren sie mit einem Löffel.
2. Fügen Sie die flüssige Kernseife und das Decylglucosid hinzu.
3. 5 Minuten vermischen, bis sich eine Paste bildet.
4. Geben Sie die Mischung in eine kleine Schüssel.
5. 2 Stunden lang trocknen lassen.

Der Cake lässt sich sehr gut in der Schüssel aufbewahren.

ANWENDUNG

▸ Mit einem feuchten Schwamm über den Cake reiben, damit ein cremiger Schaum entsteht.

Waschen Sie Ihr Geschirr außerhalb des Spülwassers mit dem Schwamm, und wiederholen Sie den Vorgang, bis alles sauber ist.

Spülmittel

Dieses selbstgemachte Spülmittel wird zu Ihrem unverzichtbaren Küchenbegleiter werden. Sie werden seinen zarten Schaum lieben, der hervorragende fettlösende Eigenschaften besitzt.

GRUNDTECHNIK NR. 2: S. 30

MATERIAL

1 Seifenspender (50 cl)
1 Schüssel
1 Waage
1 Esslöffel
1 Trichter

INHALTSSTOFFE

5 g Zitronensäure
5 g Natriumcarbonat
ca. 35 cl lauwarmes Wasser
20 ml Decylglucosid
20 cl flüssige Kernseife
1 Esslöffel Guarkernmehl
15 Tropfen ätherisches Öl

1. Geben Sie die Zitronensäure und das Natriumcarbonat in die Schüssel.
2. Fügen Sie sehr langsam 30 cl lauwarmes Wasser hinzu. Vorsicht: Die chemische Reaktion verursacht sehr viel Schaum! Warten Sie, bis sich die pulverförmigen Stoffe komplett im Wasser aufgelöst haben und die chemische Reaktion vorbei ist.
3. Geben Sie das Decylglucosid hinzu, dann die flüssige Kernseife.
4. Mit dem restlichen Wasser auffüllen.
5. Das ätherische Öl hinzugeben.
6. Zum Schluss so viel Guarkernmehl hinzugeben, bis die gewünschte Textur erreicht ist.

ANWENDUNG

- Am besten auf einem Schwamm und nicht verdünnt im Wasser verwenden.
- Stark verschmutztes Geschirr vorbehandeln. Dazu das Spülmittel mit dem Schwamm auftragen und einige Minuten vor dem Abspülen einwirken lassen.

Spülmaschinen-Tabs

Diese Spülmaschinen-Tabs ersetzen hervorragend industrielle Tabs. Die Anwendung ist genau gleich.

GRUNDTECHNIK NR. 1: S. 28

MATERIAL

1 Waage
1 Schüssel
1 Esslöffel
1 Silikonform für Kleingebäck oder eine Eiswürfelform

INHALTSSTOFFE FÜR 35 TABS

100 g Zitronensäure
90 g Natriumpercarbonat
90 g Natriumbicarbonat
1 Esslöffel flüssige Kernseife
15 Tropfen ätherisches Zitronenöl

1. Geben Sie die pulverförmigen Inhaltsstoffe in die Schüssel.
2. Fügen Sie die flüssige Kernseife hinzu.
3. 1 Minute lang verrühren, bis eine gleichmäßige Paste entsteht.
4. 5 Minuten lang ruhen lassen – die Mischung wird aufgehen.
5. Die Masse in die Silikonformen umfüllen, dabei die Mulden nur zur Hälfte befüllen.
6. 4 Stunden lang trocknen lassen.
7. Die Tabs aus den Formen nehmen.

Bewahren Sie die Tabs in einem luftdichten, vor Feuchtigkeit geschützten Behältnis auf.

ANWENDUNG

▸ Geben Sie einen Tab in das Fach Ihrer Spülmaschine. Ein Tab pro Maschine ist ausreichend.

2 MINUTEN

0,30 € / 1 L

12 MONATE

Klarspüler für Spülmaschinen

Dieses Produkt ersetzt industriellen Klarspüler für Spülmaschinen: Es entstehen keine Schlieren auf dem Geschirr, und die Spülmaschine wird gepflegt. Der Klarspüler wird ergänzend zu den selbstgemachten Spülmaschinen-Tabs (siehe S. 50) verwendet.

MATERIAL

1 Flasche (1 Liter)
1 Waage und 1 Messbecher
1 Trichter

INHALTSSTOFFE

30 g Zitronensäure
40 cl weißer Essig (8 %)
55 cl Wasser
20 Tropfen ätherisches Zitronenöl
Zitronenspalten oder -schale

Tipp

Die geviertelten Zitronen können Sie auch durch Zitronenschalen ersetzen. Auch sie verbreiten einen angenehmen Geruch in Ihrer Spülmaschine.

1. Geben Sie die Zitronensäure in die Flasche.
2. Langsam den weißen Essig und das Wasser hinzufügen.
3. Die Zitronenspalten in die Flasche geben.
4. Das ätherische Zitronenöl hinzugeben.

ANWENDUNG

▸ Geben Sie 10 cl in das für Klarspüler vorgesehene Fach.

2 MINUTEN

0,40 € / 50 CL

12 MONATE

Mehrzweckspray mit Orangenduft

Dieses natürliche, fettlösende Mehrzweckspray eignet sich hervorragend für sämtliche Oberflächen in der Küche und muss nicht wieder abgespült werden. Am besten mit einem Mikrofasertuch auftragen.

MATERIAL

1 Sprühflasche (0,5 Liter)
1 Messbecher
1 Dosierlöffel 5 ml
1 Trichter

INHALTSSTOFFE

18 cl weißer Essig (8 %)
30 cl Wasser
5 ml Decylglucosid
20 Tropfen ätherisches Orangenöl
Orangenschale

1. Geben Sie den weißen Essig in die Flasche.
2. Mit dem Wasser auffüllen.
3. Füllen Sie das Decylglucosid ein.
4. Das ätherische Orangenöl hinzugeben.
5. Zum Schluss die Orangenschale hinzugeben.

ANWENDUNG

▸ Dieses Mehrzweckspray ist Ihr Wundermittel für sämtliche Oberflächen in der Küche. Als Spray lässt sich das Produkt gut auftragen, zum Beispiel auf die Arbeitsfläche, die Herdplatten, den Ofen, den Metallrost der Dunstabzugshaube und anderes mehr.

Putzstein

Dieser Putzstein ist einfach wunderbar, denn man kann praktisch alles damit reinigen – von glatten bis zu rauen Oberflächen wird alles gründlich sauber.

GRUNDTECHNIK NR. 3: S. 32

MATERIAL

1 Dose mit luftdichtem Deckel
1 Schüssel
1 Waage
1 Esslöffel

INHALTSSTOFFE FÜR 1 PUTZSTEIN

85 g weiße Tonerde
3 Esslöffel flüssige Kernseife
60 g Natriumbicarbonat
15 Tropfen ätherisches Zitronen- oder Minzöl

Tipp
Alle edlen und empfindlichen Materialien können mit diesem Produkt gereinigt werden. Sie können es also auch für Silber, Gold oder Marmor problemlos verwenden.

1. Geben Sie die pulverförmigen Inhaltsstoffe in die Schüssel.
2. Fügen Sie die flüssige Kernseife und das ätherische Öl Ihrer Wahl hinzu.
3. 1 Minute lang verrühren, bis eine gleichmäßige Paste entsteht.
4. Füllen Sie die Masse in eine luftdichte Dose.
5. Streichen Sie die Oberfläche mit einem Löffel glatt.
6. 4 Stunden lang trocknen lassen.

ANWENDUNG

▸ Gehen Sie mit einem feuchten Schwamm oder Tawashi über den Putzstein und reinigen Sie damit die verschmutzte Oberfläche. Anschließend mit klarem Wasser nachspülen, bis keine Produktrückstände mehr zu sehen sind.

Antikalkspray

Dieses Antikalkspray ist sehr effektiv zum Reinigen der Badezimmerfliesen, denn es beseitigt Kalkablagerungen.

MATERIAL

1 Sprühflasche (0,5 Liter)
1 Waage und 1 Messbecher
1 Trichter

INHALTSSTOFFE

45 g Natriumpercarbonat
30 g Zitronensäure
30 cl Wasser
50 ml Decylglucosid
15 Tropfen ätherisches Öl Ihrer Wahl

Tipp
Dieses Antikalkspray beugt Schimmelbildung vor. Falls das Wasser sehr kalkhaltig sein sollte, die Anwendung wiederholen.

1. Füllen Sie die Zitronensäure und das Natriumpercarbonat mit einem Trichter in die Flasche.
2. Geben Sie langsam 20 cl lauwarmes Wasser hinzu, und stellen Sie sicher, dass sich das Natriumpercarbonat und die Zitronensäure gut vermischen.
3. Warten Sie, bis sich die pulverförmigen Stoffe gut aufgelöst haben.
4. Geben Sie das Decylglucosid hinzu.
5. Mit dem restlichen Wasser auffüllen.
6. Das ätherische Öl hinzugeben und gut durchschütteln.

ANWENDUNG

- Sie können das Produkt auf Wandfliesen, für das Spülbecken, für Duschwände und Armaturen verwenden.
- Auf die zu reinigenden Oberflächen aufsprühen, dann mit einem Schwamm verteilen. Einige Minuten einwirken lassen und mit Wasser nachspülen. Das Ergebnis ist sofort sichtbar: Der Kalk ist verschwunden.

5 MINUTEN PLUS
24 STUNDEN RUHEZEIT

0,40 € / 50 CL

3 MONATE

Reinigungsgel zum Aufhellen von Fugen

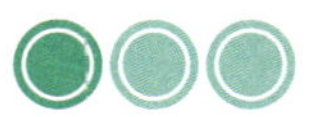

Dieses Produkt eignet sich hervorragend, um die Fugen von Wandfliesen oder Kacheln zu reinigen, in denen sich gerne Schmutz absetzt. Als Gel lässt es sich sehr leicht auf vertikalen Flächen auftragen: So können Fugen von Flecken befreit werden, und ihre ursprüngliche Farbe bleibt bewahrt.

GRUNDTECHNIK NR. 2: S. 30

MATERIAL

1 Flasche (50 cl)
1 Schüssel
1 Messbecher
1 Esslöffel
1 Trichter

INHALTSSTOFFE

1 Esslöffel Natriumpercarbonat
1 Esslöffel Guarkernmehl
ca. 40 cl lauwarmes Wasser
15 Tropfen ätherisches Teebaumöl

Hinweis

Die chemische Reaktion geht noch lange nach der Herstellung weiter. Es wird eine Aufbewahrung in einem leicht geöffneten Behältnis empfohlen, damit das entstandene Gas entweichen kann.

1. Geben Sie das Natriumpercarbonat in die Schüssel.
2. Das lauwarme Wasser hinzufügen.
3. Mindestens 24 Stunden reagieren und ruhen lassen, damit der von der Mischung erzeugte aktive Sauerstoff entweichen kann.
4. Das ätherische Öl hinzugeben.
5. Nach der Ruhezeit so viel Guarkernmehl hinzugeben, bis die gewünschte Textur erreicht ist.

ANWENDUNG

- Das Gel recht großzügig auf die verschmutzten Fugen mit einem Schwamm auftragen und mit einer Spülbürste nachbearbeiten.

WC-Reinigungstabs

Wenn es einen Ort gibt, der makellos sauber sein sollte, dann ist das die Toilette! Aber mit unserem ärgsten Feind, dem Kalk, kann sich das als schwierig erweisen. Diese Tabs sind tatsächlich effektiv.

GRUNDTECHNIK NR. 1: S. 28

MATERIAL

1 Schüssel
1 Waage
1 Esslöffel
1 Silikonform für Kleingebäck

INHALTSSTOFFE FÜR 30 TABS

60 g Zitronensäure
30 g Natriumbicarbonat
30 g Natriumpercarbonat
40 g Natriumcarbonat
2 Esslöffel flüssige Kernseife
ca. 10 Tropfen ätherisches Öl Ihrer Wahl - hier ist auch eine Mischung von Ölen empfehlenswert.

1. Geben Sie die pulverförmigen Inhaltsstoffe in die Schüssel.
2. Fügen Sie die flüssige Kernseife hinzu.
3. 1 Minute lang verrühren, bis eine körnige Paste entsteht.
4. Das Präparat in die Silikonformen geben, die Mulden nur zur Hälfte befüllen.
5. 2 Stunden lang trocknen lassen.
6. Die Tabs aus den Formen nehmen.

ANWENDUNG

▸ Ein- oder zweimal pro Woche einen Tab in die Toilette geben. Nicht spülen, bevor er sich vollständig aufgelöst hat.

Tipp

Die Mischung erzeugt eine chemische Reaktion, durch die der Tab seine reinigenden Eigenschaften in dem gesamten unter Wasser liegenden Teil der Toilette entfalten kann. Wundern Sie sich also nicht, wenn der Tab nach oben aufsteigt. Das ist vollkommen normal.

3 MINUTEN

1,90 € / 300 G

6 MONATE

SOS-Abflussfrei

Abflussrohre benötigen eine sehr gute Pflege, damit sie nicht verstopfen oder sich Bakterien bilden. Dieses Pulver herzustellen, ist wirklich kinderleicht. Ich nenne es das Wunderpulver, weil es zum Reinigen von verstopften Abflüssen ohne chemische Produkte so effektiv ist.

MATERIAL

1 Behältnis mit luftdichtem Deckel
1 Schüssel
1 Waage
1 Esslöffel

INHALTSSTOFFE FÜR 300 G

100 g Zitronensäure
100 g Natriumpercarbonat
100 g Natriumcarbonat

Tipp
Verwenden Sie dieses Pulver für die Toilette, wenn Sie keine Zeit hatten, Tabs (Rezept S. 62) herzustellen.

1. Geben Sie die pulverförmigen Inhaltsstoffe in die Dose und vermischen Sie sie.
2. Schließen Sie den Deckel.
3. Bewahren Sie Ihr SOS-Abflussfrei in einem luftdichten Behältnis und an einem trockenen Ort auf.

ANWENDUNG

▸ Etwas Wasser in den Ausguss laufen lassen, dann einmal pro Woche einen Esslöffel SOS-Abflussfrei in den Abfluss geben und vor dem Nachspülen 30 Minuten einwirken lassen.

Möbelpolitur

Dieses Produkt reinigt gründlich und pflegt zugleich das Holz dank der Verwendung von Olivenöl. Ihre Holzmöbel werden in neuem Glanz erstrahlen!

MATERIAL :

1 Sprühflasche (50 cl)
1 Messbecher
1 Trichter

INHALTSSTOFFE

30 cl weißer Essig (8 %)
20 cl Olivenöl
15 Tropfen ätherisches Öl Ihrer Wahl

1. Füllen Sie den weißen Essig in die Sprühflasche.
2. Das Olivenöl hinzugeben.
3. Zum Schluss das ätherische Öl hinzufügen.
4. Die Sprühflasche zuschrauben und alles durch Schütteln gut vermischen.

ANWENDUNG

▸ Vor der Anwendung die Sprühflasche gut schütteln.

Mit der Sprühflasche und einem Tawashi oder Lappen gezielt auf die Oberflächen auftragen.

Hinweis

Testen Sie das Mittel an einer unauffälligen Stelle Ihres Möbelstücks, um das Ergebnis zu prüfen.

Das Extra

Dieses Pflegemittel sorgt durch seinen hohen Anteil an weißem Essig für eine Tiefenreinigung.

Glasreiniger

Dieses einfache Rezept ergibt einen perfekten Reiniger für sämtliche Glasoberflächen in Ihren eigenen vier Wänden. In Kombination mit einem Mikrofasertuch werden auch Fensterscheiben streifenfrei sauber.

MATERIAL :

1 Sprühflasche (50 cl)

1 Messbecher

1 Trichter

INHALTSSTOFFE

20 cl weißer Essig (8 %)

30 cl Wasser

15 Tropfen ätherisches Öl Ihrer Wahl

1. Geben Sie den weißen Essig in die Sprühflasche.
2. Mit dem Wasser auffüllen.
3. Das ätherische Öl hinzufügen.
4. Die Sprühflasche zuschrauben und die Zutaten durch Schütteln gut vermischen.

ANWENDUNG

▸ Auf die Glasscheibe aufsprühen und mit einem Mikrofasertuch trockenreiben.

Universal-Bodenreiniger

Dieses Pflegeprodukt eignet sich hervorragend für sämtliche Bodenbeläge des Hauses. Seine fettlösenden und desinfizierenden Eigenschaften sorgen für gesunde und tadellos gepflegte Wohnräume.

MATERIAL :

1 Flasche (1 Liter)
1 Waage und 1 Messbecher
1 Trichter

INHALTSSTOFFE

300 g Natriumbicarbonat
300 g Zitronensäure
40 cl lauwarmes Wasser
50 ml Decylglucosid
15 Tropfen ätherisches Öl Ihrer Wahl

Tipp
Dieses Pflegeprodukt sorgt für ein schönes Ergebnis bei Terrakotta- und Zementfliesen.

Hinweis
Haben Sie Haustiere? Dann achten Sie bei der Wahl des ätherischen Öls darauf, dass es für Ihre Lieblinge unschädlich ist.

1. Füllen Sie das Natriumbicarbonat und die Zitronensäure in die Flasche.
2. Geben Sie das lauwarme Wasser besonders langsam hinzu und achten Sie dabei aufmerksam auf die chemische Reaktion. Es gibt eine Schaumentwicklung. Immer wenn der Schaum zusammengefallen ist, weiter Wasser hinzufügen.
3. Das Decylglucosid nach dem vollständigen Auflösen der pulverförmigen Inhaltsstoffe und nach Abschluss der chemischen Reaktion hinzugeben.
4. Das ätherische Öl hinzugeben.
5. Flasche zuschrauben.

ANWENDUNG

▸ Dieses Produkt ist sehr effektiv. Sie benötigen daher nur ca. 10 cl auf 5 l Wasser.

Duftendes Raumspray

Lassen Sie sich von zartem Rosenduft verführen! Versprühen Sie etwas von diesem Raumspray nach dem Saubermachen in Ihren Zimmern. Es macht sämtliche Lufterfrischer mit künstlichen Duftstoffen überflüssig.

GRUNDTECHNIK NR. 2: S. 30

MATERIAL

1 Sprühflasche (30 cl)
1 Messbecher
1 Trichter

INHALTSSTOFFE

10 cl Wasser
20 cl Alkohol
Duftende Rosenblätter

1. Das Wasser in eine Flasche füllen.
2. Mit dem Alkohol auffüllen.
3. Die Rosenblätter hinzugeben.
4. Schütteln und mindestens 2 Tage ziehen lassen.

ANWENDUNG

- Mit der Sprühflasche lässt sich diese Mischung im Raum wie ein Parfüm versprühen.
- Sie hinterlässt auch einen zarten Duft auf Ihren verschiedenen Raum- und Heimtextilien.

Hinweis

Achtung! Bestimmte Auszüge können Flecken verursachen. Testen Sie die Mischung immer auf einem Lappen, bevor Sie sie für Wäschestücke verwenden.

Natürliche Insektenabwehr

Spricht man von Insekten im Haus, kommen einem so allerlei Tierchen in den Sinn: Ameisen, Spinnen und Fliegen aller Art. Von nun an werden sie sich bei Ihnen nicht mehr niederlassen.

MATERIAL

1 kleine luftdichte Dose
1 Schüssel
1 Waage
1 Löffel

INHALTSSTOFFE

50 g Salz
50 g Zucker
5 g Guarkernmehl

Tipp

Bestimmte Zimmerpflanzen sind sehr nützlich, um Insekten jeglicher Art fernzuhalten. Verbena, Minze, Basilikum und die duftende Geranie gehören dazu.

1. Geben Sie das Salz, den Zucker und das Guarkernmehl in die Schüssel.
2. Alles mit einem Teelöffel gut vermischen.
3. Streuen Sie die Mischung in Form einer Linie auf die befallene Fläche.
4. Die Mischung in einer kleinen luftdichten Dose aufbewahren.

Variante

1. Geben Sie 10 Tropfen ätherisches Geranienöl und 10 Tropfen ätherisches Citronella in ein Schälchen.
2. Fügen Sie 5 g Zucker hinzu.
3. Stellen Sie das Schälchen an einen günstigen Ort, um die Insekten anzulocken.

5
4
3
2
1

5 MINUTEN

0,50 € / 1 L

3 MONATE

Schutz vor Unkraut

Wir kennen heutzutage die Gefahren für Umwelt und Gesundheit, die von chemischen Produkten ausgehen, die im Garten zur Unkrautvernichtung eingesetzt werden. Dieses Produkt zum Schutz vor Unkraut ist sehr einfach herzustellen. Setzen Sie es gezielt und punktuell ein.

MATERIAL

1 Waage und ein Messbecher
1 kleine Gießkanne

INHALTSSTOFFE

100 g Natriumbicarbonat
90 cl heißes Wasser

1. Geben Sie das Natriumbicarbonat in die Gießkanne.
2. Mit dem heißen Wasser auffüllen.
3. 5 Minuten ruhen lassen, bis sich das Pulver komplett aufgelöst hat.

ANWENDUNG

▸ Begießen Sie das Unkraut, das Sie bekämpfen wollen, sooft wie möglich mit diesem Präparat.

Tipp
Warten Sie nicht, bis das Wasser zu kalt geworden ist, denn allein schon die Hitze setzt dem Unkraut zu.

Galipoli Fabrique

von Séverine Jérigné

Eine engagierte Unternehmensgeschichte

Galipoli Fabrique habe ich mit dem Wunsch ins Leben gerufen, die Welt der Reinigungsmittel zu verändern und selbstgemachte Produkte populärer zu machen. Mit Feuereifer habe ich einfache, schnell umzusetzende und effektive Rezepte erarbeitet, um zu zeigen, dass wir zum Saubermachen tatsächlich keine industriellen Produkte benötigen.

Meine Erfindung: die Flaschenrezepte

Um Ihnen die Herstellung Ihrer Reinigungsmittel zu erleichtern und Ihnen eine konkrete Hilfestellung an die Hand zu geben, habe ich eine Flaschen-Kollektion kreiert und entwickelt, bei der die Mengenangaben des Rezepts direkt auf den Flaschen angegeben sind. Diese werden von einer Behindertenwerkstatt hergestellt, mit der ich jeden Tag das Vergnügen habe zusammenzuarbeiten.

Die Galibox, der erste Baukasten zum Herstellen von Reinigungsmitteln

2014 habe ich Galipoli Fabrique erstellt, die erste Website, auf der sich alles um die Herstellung von Reinigungsmitteln dreht. Mein Ziel: Ich wollte meine Rezepte inklusive der Liste der Inhaltsstoffe kostenlos teilen. 2015 konnte ich mit der Unterstützung von 110 Crowdfunding-Spendern die Galibox ins Leben rufen, die als eine Art Baukasten gedacht war. Mit ihrer Hilfe ist es leicht, die Herstellung von Reinigungsmitteln zu erlernen. Dadurch konnten über 10 000 Menschen damit beginnen, ihre Putzmittel zu Hause selber zu machen.

Ich wünsche Ihnen allen viel Spaß bei der Herstellung!

- Sämtliche Inhaltsstoffe sowie das Herstellungszubehör finden Sie auf meiner Website www.galipoli.fr

- Folgen Sie mir, um Tipps und Neuigkeiten von mir zu erhalten.

  @galipolifabrique   Galipoli Fabrique

- Machen Sie bei unserer Aktion #balancetesproduitstoxiques mit, um die Welt der Reinigungsmittel zu verändern.

Was Sie nun in Händen halten, sind die Ergebnisse aus fünf Jahren Recherchearbeit und praktischen Versuchen. Auch meine Lieblingsrezepte zur Herstellung der Produkte, die ich selbst zu Hause im Alltag verwende, habe ich für Sie zusammengestellt.

Mir ist es ein wichtiges Anliegen, Ihnen mit diesem Buch zu zeigen, wie einfach, schnell und effektiv es ist, Reinigungsmittel selbst herzustellen.

Dank

Ich möchte allen Menschen danken, die mir bei der Erstellung dieses Buches durch ihre Ermutigung, ihre Unterstützung und ihren Beistand geholfen haben. Eine besondere Erwähnung gebührt an dieser Stelle meinen Mitarbeiterinnen Mireille und Angie sowie meinen Freunden Claire und Dimitri.

Vielen Dank an Julie Charles für diese grandiosen Fotos, die das Buch so wunderbar gliedern. Ihr freundliches Wesen und unsere gemeinsamen Momente waren mir bei der Zusammenarbeit eine besondere Freude.

Ein großes Dankeschön gilt allen, die dieses Buch kaufen und unsere Fangemeinde für selbstgemachte Reinigungsmittel größer werden lassen.

Schließlich gilt ein besonderer und tief bewegter Gedanke meinen beiden Kindern, Adèle und Marceau, denen ich dieses Buch widme. Denn sie sind es, weshalb ich mich so für „sauberere Reinigungsmittel" stark mache. Ich danke ihnen dafür, dass sie mit ihrer Mutter dieses Abenteuer gemeinsam bestehen, das diese in den letzten fünf Jahren so sehr beschäftigt hat.